365 Tip$ para tu vida financiera

365 Tip$ para tu vida financiera

Copyright © 2021 Cool&Co
All rights reserved
ISBN: 9798544923626
Independently published

365 Tip$ para tu vida financiera

Información Importante

Este libro ha sido escrito para proporcionar información educativa. Se ha hecho todo lo posible para que sea lo más completo y preciso posible. Sin embargo, da información sobre el marketing en Internet solo hasta la fecha de la publicación. Por lo tanto, este libro debe utilizarse como una guía - no como la fuente definitiva de información de marketing en Internet.

También en materia de finanzas el mundo está en continuo cambio, por lo que deberás seguir investigando y actualizando tu educación financiera.

El propósito de este libro es educar. El autor y el editor no garantizan que la información contenida en este libro esté completa y no serán responsables de ningún error u omisión. El autor y el editor no tendrán ninguna responsabilidad ante ninguna persona o entidad con respecto a cualquier pérdida o daño causado o supuestamente causado por este libro.

Recuerde que según su situación y objetivos aplicara los tips que considere o los adaptara como considere. Esta será su guía para que continúe con una investigación profunda.

365 Tip$ para tu vida financiera

365 Tip$ para tu vida financiera

Tabla de Contenidos

Introducción.. 6

365 Consejos para ahorrar, invertir y hacer dinero 8

Conclusión...126

365 Tip$ para tu vida financiera

Introducción

Cuando se trata de éxito en nuestras vidas profesionales y personales, pocas cosas son más importantes que lograr un nivel de vida razonable a través de sabias decisiones de finanzas personales. A través de nuestras opciones de trabajo, nuestros ahorros y nuestras decisiones de inversión, determinamos lo que será posible para nosotros en el futuro, así como cuándo podemos jubilarnos y qué tan agradable será nuestra jubilación.

De hecho, todo esto es muy importante. Sin embargo, sin la información correcta disponible a nuestro alcance, a menudo podemos paralizarnos cuando llega el momento de tomar esas importantes decisiones.

Por ejemplo, cuando llegue el momento de ahorrar, podríamos decidir posponerlo para otro día. O cuando llegue el momento de invertir, podríamos adelantarnos y tomar la decisión demasiado pronto, incluso teniendo deudas pendientes que tienen altas tasas de interés.

En el resto de este libro, consideraremos 365 consejos diferentes, uno para cada día del año, que puede usar para tomar estas decisiones de la manera correcta. A través de este libro, espero que no solo aprendas cómo ser frugal, cómo ahorrar y cómo invertir, sino también cómo dirigir tu carrera (y explotar las oportunidades de hacer dinero) de una manera que te acerque a la seguridad financiera y a un amplio sentido de satisfacción con tu vida y tus elecciones.

365 Tip$ para tu vida financiera

365 Consejos para ahorrar, invertir y ganar dinero

Consejo # 1: Compre productos por internet.

Una buena manera de limitar la compra por impulso es comprar productos en línea. Le permite comparar más fácilmente las tiendas, calidades, prestaciones y precios. Y también le evitará pensar que tiene que comprar, para que no tenga que desplazarse a otro lugar para hacer la compra.

Consejo # 2: Buscadores de comparación.

Al hacer grandes compras, siempre debe comparar tiendas. Al pasar 20-30 minutos adicionales para investigar sus opciones, podría fácilmente ahorrar mucho dinero.

Consejo # 3: Usa cupones.

Ya sea que esté comprando comestibles o comprando nuevos productos electrónicos, el uso de cupones siempre es una buena manera de ahorrar. Así que, a partir de ahora, mantente en el hábito de revisar el periódico y otras fuentes locales de cupones, así como promociones de acumulación y ofertas.

Consejo # 4: Utilice sitios de cupones en internet.

Internet ahora está inundado de sitios de cupones en línea. Recogen y almacenan cupones que se pueden imprimir y utilizar en varias tiendas físicas. Antes de salir de su casa, considere buscar cupones para su destino minorista; y luego ponerlos en uso.

Consejo # 5: Inscríbase en programas de recompensas.

Las tiendas de comestibles, tiendas de ropa y otras tiendas minoristas ahora ofrecen programas de recompensas. Al registrarse para obtener una membresía gratuita, a menudo puede obtener acceso a una variedad de cupones, descuentos y ofertas de reembolso. Asegúrese de inscribirse en los programas de recompensas que se ofrecen en todas sus tiendas favoritas.

Consejo # 6: Busque ofertas especiales en la tienda de comestibles.

Las tiendas de comestibles a menudo tienen ofertas especiales en alimentos que sospechan que no podrán vender. Aproveche estas ofertas especiales comprando alimentos que desee de todos los modos, pero con un fuerte descuento.

Consejo # 7: Cree una lista de compra por adelantado.

Elimine la comida basura y los alimentos que no son esenciales creando una lista de compras por adelantado. Al final del día, habrás gastado menos, y también tendrás todos los ingredientes que necesitarás para las comidas semanales.

Consejo # 8: Espere a las rebajas.

Algunas tiendas tienen rebajas regulares. Por ejemplo, muchas tiendas tienen grandes descuentas después de Navidad y otros días festivos importantes para vender el inventario estacional. Aproveche estas rebajas predecibles retrasando sus compras.

Consejo # 9: Limite el gasto en entretenimiento.

El entretenimiento es importante, pero a menudo se puede obtener a bajo precio. A partir de ahora, limite su gasto en entretenimiento hasta que haya pagado sus facturas mensuales y haya ahorrado una parte fija de sus ingresos. No se trata de no tener ocio, si no de priorizar, una vez pagadas las deudas, lo básico para vivir y un porcetaje para el ahorro.

Consejo # 10: Reduzca la cantidad de tiempo que pasa viendo la televisión.

La televisión puede ser un desperdicio de tiempo interminable. Es fácil sentarse frente al televisor durante horas y horas, incluso si tenemos tareas en las que podríamos estar trabajando para mejorar nuestras vidas y nuestras finanzas. Así que trate de reducir la cantidad de tiempo que pierde viendo la televisión.

Consejo # 11: Evite navegar por la red sin rumbo.

Similar a perder el tiempo en la televisión, navegar por la internet es un mal hábito que muchos de nosotros tenemos. Evita hacerlo cuando haya otras cosas más productivas que podrías estar haciendo.

Consejo # 12: Obtenga un kit de costura.

Consigue un kit de costura y aprende a usarlo. La próxima vez que se rasgue la pierna de sus pantalones o el brazo de su camisa, simplemente use el kit de costura para arreglarlo, en lugar de comprar un artículo de ropa completamente nuevo. No se trata de llevar la ropa llena de remiendos, pero a veces desechamos la misma por una costura descosida.

Consejo # 13: Aprenda cómo hacer reparaciones básicas en el hogar.

Aprender a hacer reparaciones básicas en el hogar puede ahorrarle mucho dinero. En lugar de llamar a un fontanero o un carpintero, simplemente puede hacer las reparaciones usted mismo, ahorrándole dinero. Obviamente habrá cierto tipo de reparaciones de las que requerirá a un profesional por motivos de logística, conocimientos etc, en este caso no dude, a veces lo barato sale caro. Así que asegurese de pagar a alguien que lo realice con la calidad deseada, y no tenga que reparar de nuevo en poco tiempo.

Consejo # 14: Limite el gasto en juguetes caros.

Como padre, es simplemente su inclinación natural a hacer lo que cree que es mejor para su hijo (y, a veces, echarlo a perder). Pero cuando se trata de juguetes, más (y más caro) no siempre es mejor. Por lo tanto, antes de gastar cientos en los juguetes más de moda, piense dos veces acerca de si su hijo podría ser mejor servido por algo menos costoso.

Adjunto un decálogo del juguete para que analice:

1. Elegir juegos o juguetes donde el niño participe de forma activa y que no sea sólo un simple espectador.

2. Buscar un juego o juguete que estimule al niño diferentes aspectos como: la creatividad y la imaginación, la socialización o la cooperación, entre otros.

3. Pensar en el entorno que nos rodea e intenta elegir productos que no estén fabricados con materiales nocivos para la salud y para el medio.

4. Recordar la tienda de barrio y el comercio de proximidad: a menudo los artesanos fabrican juegos y juguetes con materiales resistentes y de calidad que duran más tiempo.

5. Mirar que en la caja aparezca el sello de la CE donde dice que aquel producto ha pasado los controles de calidad.

6. Hay muchos tipos de juegos y juguetes: de mesa y tablero, tradicionales, de construcciones, motrices.

Evitamos las bélicas y las que reproducen estereotipos de género.

7. Al envolver el paquete hacerlo con papel que se pueda reciclar posteriormente. En las tiendas hay diferentes tipos de papel pero hay que recordar que los que llevan motivos brillantes y plástico añadido son nocivos para el medio ambiente.

8. Tener cuidado con la publicidad y leer la letra pequeña. A veces, lo que se ve en los medios de comunicación y lo que aparece en la caja que envuelve el producto no es, realmente, el mismo juguete que contiene dentro.

9. Pensar, con el juego o juguete en las manos, si el precio que ha indicado es el adecuado. No hay que quedarse un producto si, verdaderamente, no se está convencido o convencida.

10. Compartir tiempo de juego con los niños es la mejor manera de fortalecer los vínculos afectivos y educativos entre padres e hijos. No hay que olvidar que los padres y madres son los primeros compañeros de juego de los pequeños.

Consejo # 15: Limitar el cine si tiene deudas.

En lugar de ir al cine todo el tiempo, quédese en casa y alquile una película a través de su servicio de televisión por cable y obtener sus propios refrigerios. En lugar de gastar 30-50 €, gastarás solo 10 €.

Consejo # 16: Sustituya los alimentos caros por alimentos más baratos.

En lugar de gastar 200 € por semana en comestibles, piense mucho en qué artículos son lujosos y qué artículos son en realidad componentes importantes de su menú semanal. Elimine los artículos caros en favor de los más baratos. De los innecesarios por los necesarios.

Consejo # 17: Compre productos de marca blanca.

Los productos de marca blanca o genéricos son más baratos y con frecuencia idénticos a los artículos de marca. Por lo tanto, en lugar de pagar inmediatamente la prima por el producto de marca, considera al menos probar la marca de la tienda una vez.

Consejo # 18: Utilice la opción de envío más lento.

Cuando se trata de hacer compras en línea, a menudo es tentador optar por el envío más rápido. A partir de ahora, practique la gratificación retrasada y opte por la opción de envío más lento siempre que implique diferencia de dinero en ello.

Consejo # 19: Compre regalos con mucha anticipación.

Muchas personas esperan hasta el último momento para comprar regalos. Como resultado, terminan gastando mucho dinero el día o la noche antes del evento simplemente para obtener algo agradable. En lugar de hacer esto, permítete semanas o meses para recoger el producto. En lugar de apresurarse la noche anterior, puede tropezar con él en unas rebajas en las semanas previas al evento.

Consejo # 20: Haga sus propios regalos.

Las velas, las joyas, los CDs de mezcla, una gymkhana casera... a menudo pueden ser regalos excelentes y altamente personalizados. En lugar de comprar un regalo en la tienda, considere hacer uno para su amigo o familiar.

Consejo # 21: Tome el transporte público.

El transporte público a menudo es más barato que poseer, mantener y pagar la gasolina para un automóvil. Considere vender su automóvil y hacer el cambio.

Consejo # 22: Camine más.

En lugar de conducir su automóvil pequeñas distancias a la tienda y la oficina de correos, considere caminar a esos lugares en su lugar. No solo es bueno para usted, sino que le ahorrará dinero en gasolina y desgaste.

Consejo # 23: Compre un pase de velocidad para peajes.

Si la región en la que vives ofrece un pase de peaje automático, cómprelo. Puede tener un alto costo inicial, pero se pagará en peajes reducidos con el tiempo.

Consejo # 24: Compre un abono para el transporte público.

Compre un pase para tomar el tren local o el sistema de metro. A largo plazo, ahorrarás mucho dinero al pagar menos cada vez que uses el transporte público.

Consejo # 25: Gaste dinero en entretenimiento con un alto valor de reutilización.

En lugar de tirar el dinero en los videojuegos y otras formas de entretenimiento que no se pueden reutilizar, en su lugar, concéntrese en las formas de entretenimiento que tienen un alto factor de reutilización. Es decir, tratar de obtener el máximo entretenimiento por dólar gastado. O entretenimiento cultural.

Consejo # 26: Compra videojuegos con alto valor de re-play.

Similar al consejo 25, comprar videojuegos que se pueden jugar 1,2,3, o más veces. No te conformes con comprar un juego de $ 50 que ya no será agradable después de una sola jugada.

Consejo # 27: Limite el consumo de bebidas carbonatadas.

Las bebidas saborizantes, carbonatadas o gaseosas son "un lujo" caro que con frecuencia no vale la pena la cantidad que pagamos, además de ser perjudidciales para nuestra salud. En su lugar, lleve una botella de agua con usted y llénela en casa usando el grifo.

Consejo # 28: Haga café o té en casa.

Comprar café o té en su lugar favorito a menudo puede ser una experiencia agradable. Sin embargo, es muchas veces más caro que hacer el mismo café o té en casa.

Consejo # 29: Deje de fumar.

Fumar es poco saludable y costoso, así que deja de fumar. Tu cuerpo y bolsillo lo agradecerán.

Consejo # 30: Reducir el consumo de alcohol.

El consumo excesivo de alcohol es a la vez insalubre y una actividad improductiva. Reduce el alcohol de tu presupuesto y de tu vida. Tu cuerpo y tu bolsillo lo seguirán agradeciendo.

Consejo # 31: Reemplace las bombillas incandescentes o fluorescentes.

Las CFL generan la luz sin el calor. Por esta razón, utilizan menos energía. Y ahora tenemos las Led que sonmuy de bajo consumo.

Consejo # 32: Use el aire acondicionado y / o el calentador con menos frecuencia.

Los acondicionadores de aire y calentadores pueden usar una gran cantidad de electricidad. Así que si no necesitas mantener una habitación caliente o fresca, no las uses. En verano baja las persianas durante las horas de calor y súbleas y abre las ventanas durante la noche para refrescar y ventilar la casa.

Consejo # 33: Haz un mercadillo o vende en apps.

Hacer un mercadillo o vender através de aplicaciones de segundamano le ayudará a deshacerse de la basura que se acumula en sus armarios y recoger algo de dinero extra.

Consejo # 34: Invierta más tiempo en la comparación de compras para productos caros.

Cuando se trata de artículos de alto costo, dedique más tiempo a hacer compras comparativas. Considera usar eBay, Google Shopping y otras plataformas en línea para comparar precios, de modo que obtengas la mejor oferta.

Consejo # 35: Planos base de compras y comidas en torno a la disponibilidad de cupones.

En lugar de usar un menú fijo para comprar comestibles, cree su menú para que se ajuste a la disponibilidad de cupones para una semana en particular. Esto asegurará que usted ahorre tanto como sea posible cada vez que compre comestibles.

Consejo # 36: No te vuelvas adicto al gasto.

Algunos de nosotros "disfrutamos" simplemente gastando dinero. Si usted es una de esas personas, practique disciplinarse a sí mismo al no tirar dinero en efectivo simplemente cuando se sienta deprimido o aburrido.

Consejo # 37: Reúnase con un planificador financiero.

Un planificador financiero puede ayudar a visualizar su futuro; y cómo será moldeado por las decisiones de ahorro de hoy. Haga esto tan pronto como sea posible, y concéntrese en un plan.

Consejo # 38: Compre ropa en tiendas de segunda mano.

Las tiendas de segunda mano a menudo ofrecen ropa de alta calidad por una mera fracción del precio de la tienda. En lugar de gastar todo su dinero en marcas caras en tiendas minoristas, considere obtener los mismos artículos de segunda mano.

Consejo # 39: Compre en tiendas a granel.

Las tiendas a granel le permiten obtener cantidades masivas de productos con un fuerte descuento. Si desea ahorrar dinero a largo plazo, comprar en estas tiendas (y luego almacenar las cantidades restantes del artículo) es el camino a seguir.

Consejo # 40: Cocine a granel.

Cocinar a granel es otra buena manera de ahorrar dinero y tiempo. Puede hacer esto produciendo el valor de una semana de alimentos (o más) en una sola sesión de cocina. Luego puede congelar el alimento restante y volver a calentarlo más adelante en la semana.

Consejo # 41: Ir de vacaciones menos.

Las vacaciones pueden ser tremendamente costosas, así que trate de reducir la frecuencia con la que las toma. A veces menos es más, y se pueden sustituir por planes alternativos y mucho más baratos.

Consejo # 42: Limite el gasto en vacaciones.

Cuando te vayas de vacaciones, trata de gastar menos. En lugar de comprar habitaciones de hotel caras, cenas caras y bebidas caras, trate de disfrutar los momentos y concéntrese en ser feliz, en lugar de lograr la felicidad a través del lujo.

365 Tip$ para tu vida financiera

Consejo # 43: Ir de vacaciones más baratas.

Ir a acampar o coger un "bungalow". Estos a menudo pueden ser tan divertidos como unas vacaciones en un lugar lejano, pero mucho más barato.

Consejo # 44: Refinanciar su casa.

Dado que uno de sus mayores gastos mensuales es probablemente su hipoteca, siempre es una buena idea considerar si podría o no beneficiarse de una re-financiación. Haga esto periódicamente para confirmar de que está recibiendo la mejor tarifa. Mucha gente piensa que la hipoteca es tal cual se firmó para toda la vida. Y los tipos de interés suben y bajan constantemente, así que, en el momento adecuado puedes benficiarte de una buena refinanciación.

Consejo # 45: Reemplace el bistec por pollo y cerdo.

El bistec es mucho más caro que el pollo y el cerdo. Considere sustituirlo entre las carnes para reducir la cantidad que gastó en comestibles.

Consejo # 46: Coma menos carne.

En relación con el valor nutricional que proporciona, la carne es uno de los componentes más caros de su gasto en comestibles. Considere reducir la cantidad que consumir. Además, cuidado con la alta ingesta de carnes rojas.

Consejo # 47: Pídale a la compañía de su tarjeta de crédito que reduzca sus tasas de interés.

Obtener una tasa de interés más baja en su tarjeta de crédito a menudo es tan simple como hacer una llamada a la compañía. Acostúmbrate a hacer esto de forma regular.

Consejo # 48: Pague la deuda de alta tasa de interés.

En lugar de pagar la deuda de baja tasa de interés, pague la deuda de tasas de interés altas. Esto reducirá la cantidad total que usted paga por el servicio de la deuda.

365 Tip$ para tu vida financiera

Consejo # 49: Pida que se le exima de las tarifas.

Las tiendas, las compañías de tarjetas de crédito y los programas de membresía a menudo están dispuestos a renunciar a las tarifas si afirma que no usará el servicio de otra manera.

Consejo # 50: Pídale a su proveedor de televisión por cable que le ofrezca un paquete más barato.

En lugar de comprar el paquete de cable más caro, considera la posibilidad de degradar a uno que solo contenga los canales que necesita, pero a un precio más bajo.

Consejo # 51: Muévase a un apartamento o hogar más barato.

Si su alquiler o hipoteca es insosteniblemente alto, entonces muévase a un apartamento o casa más barato.

Consejo # 52: Re-financie su coche.

365 Tip$ para tu vida financiera

Considere la posibilidad de volver a financiar su coche. Si sus ingresos han aumentado o su crédito ha mejorado, es posible que pueda obtener una tasa más baja.

Consejo # 53: Vende tu coche.

Los coches son caros. Considere vender el suyo y tomar el transporte público en su lugar. Muchas veces tenemos el coche más por capricho que por necesidad.

Consejo # 54: Compre un coche más barato.

Venda su automóvil y compre uno más barato, o tal vez uno que obtenga un mejor rendimiento de la gasolina.

Consejo # 55: Compre cuchillas de afeitar adicionales, en lugar de maquinillas de afeitar completamente nuevas.

En lugar de comprar una nueva maquinilla de afeitar, compre cuchillas nuevas, que a menudo ahora se venden por separado.

Consejo # 56: Vuelva a llenar los cartuchos de tinta, en el lugar de comprar otros nuevos.

Los cartuchos de tinta ahora generalmente se pueden volver a llenar usando un kit de herramientas y algo de tóner. Esto es considerablemente menos costoso que comprar un cartucho nuevo.

Consejo # 57: Refinancie sus préstamos estudiantiles o al consumo.

Si usted es capaz de volver a financiar sus préstamos estudiantiles o al consumo a una tasa más baja, hágalo.

Consejo # 58: Cree un grupo de coche compartido para ir al trabajo.

Necesitas ponerte a trabajar; y también lo hacen sus compañeros de trabajo. Cree un grupo de coche compartido para ahorrar en gasolina y desgaste.

Consejo # 59: Mejore su rendimiento de la gasolina.

Usa trucos para mejorar el rendimiento de la gasolina, como el uso del control de crucero. Algunos trucos simples podrían ahorrarle 20 € o más cada semana.

Consejo # 60: Agregue aire a los neumáticos de su automóvil.

Agregar aire a los neumáticos de su automóvil (para que estén correctamente inflados) puede mejorar considerablemente su rendimiento de la gasolina.

Consejo # 61: Trate de arreglar artículos rotos, en lugar de comprar otros nuevos.

Arreglar sillas rotas, barandillas y otros muebles o accesorios en su hogar es más barato que comprar otros nuevos.

Consejo # 62: Lleve un almuerzo embolsado al trabajo.

Si tiene cuidado, puede llevar almuerzos en bolsas al trabajo durante una semana por el mismo precio que gastaría en un solo día si tuviera que salir a almorzar.

Consejo # 63: Limite la frecuencia con la que sale a cenar.

Salir a cenar puede resultar muy caro; y a menudo es fácil ignorar exactamente lo caro que es. Trate de hacerlo con menos frecuencia, solo para ocasiones especiales.

Consejo # 64: Cuando vaya a restaurantes, compre platos más baratos.

Si decides salir a cenar, no lo uses como motivo para derrochar. Busque platos más baratos y beba solo agua.

Consejo # 65: Vaya a restaurantes menos costosos.

No todos los restaurantes son igualmente caros. En lugar de gastar todo su dinero en una noche elegante, elija una más barata. Fácilmente puede ser igual de agradable.

Consejo # 66: Compre en tiendas de segunda mano.

Las tiendas de segunda mano suelen tener una amplia variedad de artículos de segunda mano, incluidos libros, ropa y muebles. En lugar de comprar cosas nuevas, primero considere ir a una tienda de segunda mano.

Consejo # 67: Mantenga un registro de su deuda.

En lugar de prestar atención únicamente a sus pagos mínimos, lleve un registro del monto total de la deuda que tiene, incluidos los préstamos estudiantiles, las deudas de tarjetas de crédito y su hipoteca.

Consejo # 68: Mantenga un registro de sus ahorros e inversiones.

Mucha gente comete el error de ignorar sus ahorros e inversiones. Como resultado, obtienen pequeños beneficios, en todo caso. También enfrentan el riesgo de grandes pérdidas durante las recesiones y estallidos de burbujas. Preste atención a dónde invierte y ahorra su dinero.

Consejo # 69: Obtenga un seguro de vida a término, en lugar de permanente.

No invierta en seguros de vida. En su lugar, utilícelo para el propósito previsto: obtenga un seguro temporal.

Consejo # 70: Use los sitios de intercambio locales para encontrar muebles.

Utilice los sitios de intercambio locales para obtener muebles. En muchos casos, podrá encontrar armazones de cama, sofás y estantes de forma gratuita.

Consejo # 71: No guarde sus números de tarjeta de crédito en línea en sitios.

Almacenar la información de su tarjeta de crédito en sitios como Amazon le facilita la compra de cosas que no necesita, así que no lo haga. Hágalo más difícil al no guardar su información.

Consejo # 72: Evite el gasto impulsivo.

Nunca compre en el calor del momento. En su lugar, tómese un tiempo para pensar en las compras, especialmente cuando son grandes, antes de tomar la decisión.

Consejo # 73: No gaste hasta su límite de crédito.

Gastar hasta su límite de crédito rara vez es una buena idea. En su lugar, trate de mantenerse lo más lejos posible de su límite.

Consejo # 74: Llame a la compañía de su tarjeta de crédito con regularidad.

La compañía de su tarjeta de crédito puede hacer mucho por usted. Puede reducir su APR, extender los plazos de pago y permitirle celebrar un pago de gracia extendido o un acuerdo de pago de deuda. Aproveche estos servicios, en lugar de simplemente no realizar pagos.

Consejo # 75: Evite llevar un saldo positivo en cualquier tarjeta que tenga una tasa de interés positiva.

Si una tarjeta de crédito tiene una tasa de interés positiva, debe cancelarla inmediatamente. En su lugar, transfiera el saldo a una tarjeta que temporalmente tenga 0% APR o pague lo antes posible.

Consejo # 76: Corta tu tarjeta de crédito.

Si bien cerrar cuentas de tarjetas de crédito a menudo puede parecer negativo en los informes de crédito, nadie sabrá si corta una tarjeta y la tira. Así que corte la mayoría de sus tarjetas de crédito y deséchelas, pero mantenga sus cuentas.

Consejo # 77: Use una tarjeta de crédito para compras pequeñas.

Para mejorar su crédito, use su tarjeta para pequeñas compras diarias. Pague el saldo de estas compras cada mes.

365 Tip$ para tu vida financiera

Consejo # 78: Tenga en cuenta las tarifas *teaser*.

La mayoría de las compañías de tarjetas de crédito ofrecerán una tasa de interés inicial. Tenga en cuenta que esta no es su APR permanente, sino una APR temporal que probablemente cambie en cuestión de meses. Esto suelen hacerlo también las compañías de teléfono, tv por cable, etc. Tengo en cuenta que durante X tiempo y luego pasas a pagar más.

Consejo # 79: Nunca exceda el límite de crédito de su tarjeta.

Exceder el límite de crédito de su tarjeta a menudo conlleva multas costosas. Evite hacerlo.

Consejo # 80: Obtenga una copia de su informe crediticio.

Por lo menos dos veces al año, obtenga una copia de su informe crediticio para verificar si hay errores o problemas que se le hayan escapado.

Consejo # 81: Pida mejores condiciones a su banco.

Llame a su banco y solicite mejores condiciones. Esto podría ayudarlo a eliminar tarifas y obtener una tasa de interés más alta en sus cuentas o más baja en sus deudas.

Consejo # 82: Cambie a un banco que tenga más cajeros automáticos en su área.

Si constantemente paga tarifas para usar los cajeros automáticos de otros bancos, considere cambiarse a un banco que ofrezca más cajeros automáticos en su área.

Consejo # 83: Ponga dinero en un certificado de depósito (CD).

Los CD a menudo requieren que guarde dinero durante un período de tiempo determinado (a menudo, 6 meses o 12 meses). Este puede ser un dispositivo útil para evitar gastar dinero.

Consejo # 84: Ponga una fracción fija de sus ingresos en sus ahorros.

En lugar de pensar en cuánto ahorrar cada mes, ponga automáticamente el 10% de sus ingresos en ahorros cada mes. Este es un buen hábito para desarrollar antes.

Consejo # 85: Evite invertir el dinero que necesitará pronto en acciones.

Los rendimientos de las acciones pueden ser volátiles en relación con otros instrumentos de inversión; sin embargo, por esta razón, invertir en acciones suele generar una alta rentabilidad a largo plazo. Por esta razón, no invierta el dinero que necesitará a corto plazo en acciones.

Consejo # 86: Si planea ahorrar dinero para la jubilación, colóquelo en un fondo mutuo.

Ponga los ahorros para la jubilación en un fondo mutuo. Hable con su asesor para asegurarse de que el dinero esté bien invertido.

Consejo # 87: Invierta su dinero en fondos indexados.

Los fondos indexados a menudo son los más baratos para invertir y proporcionan uno de los mejores rendimientos ajustados al riesgo. Considere poner los ahorros para la jubilación en fondos indexados.

Consejo # 88: Reduzca los extras en su plan de telefonía móvil.

Deshágase de los extras de su plan de teléfono móvil, incluidos los planes extendidos de mensajes de texto y datos.

Consejo # 89: Envíe mensajes de texto con menos frecuencia.

Si todavía utilizas los sms y paga por ellos, envíe mensajes de texto con menos frecuencia. Pero indudablemente si dispone de datos móviles, instale cualquier aplicación de mensajería gratuita.

Consejo # 90: Limpia tu coche en casa, en lugar de pagarlo.

En lugar de llevar su automóvil al túnel de lavado, tome un balde de agua con jabón y una esponja grande y póngase manos a la obra. Podrías ahorrarte mucho dinero.

Consejo # 91: Haga rotar sus llantas.

La rotación de los neumáticos puede mejorar significativamente el rendimiento de la gasolina y reducir el desgaste. Asegúrate de hacerlo con regularidad.

Consejo # 92: Lave su auto después de las tormentas de nieve.

Si vive en un área de clima frío, asegúrese de lavar su automóvil después de las tormentas de nieve para limpiar toda la sal. Esto le ahorrará dinero en costos de mantenimiento a largo plazo.

Consejo # 93: Empiece a ir en bicicleta.

Andar en bicicleta es una buena manera de ponerse en forma y ahorrar dinero. Hágalo en lugar de conducir su automóvil a todas partes.

Consejo # 94: Evite la ropa que requiera un mantenimiento costoso, como la limpieza en seco.

En lugar de optar por ropa que implique una limpieza en seco exhaustiva, obtenga ropa que no requiera ningún cuidado especial. Esto le ahorrará una cantidad considerable de dinero en mantenimiento.

Consejo # 95: Haga sus propias tarjetas para acompañar los regalos.

Utilice uno de los muchos sitios disponibles para crear e imprimir una tarjeta personalizada. Esto es considerablemente más barato que comprar uno en la tienda; y puede resultar en una tarjeta más personalizada.

Consejo # 96: Ofrézcase a cuidar niños como regalo.

Si su amigo o familiar tiene hijos, ofrézcase a cuidarlos como regalo de cumpleaños.

Consejo # 97: Utilice software de código abierto, en lugar de software propietario caro.

El software de código abierto, como OpenOffice, es gratuito. Considere descargarlo y usarlo, en lugar de usar software costoso.

Consejo # 98: Reduzca su impresión o imprima en la oficina.

Imprima menos o imprima solo cuando pueda hacerlo de forma gratuita. Esto puede ahorrarle bastante dinero.

Consejo # 99: Imprima documentos sin importancia en la configuración de borrador.

Los cartuchos pueden durar mucho más si se utilizan principalmente para imprimir documentos con calidad de borrador. De ahora en adelante, considere usar borrador para documentos que no necesitan ser de alta calidad.

Consejo # 100: Vende tu ropa vieja en eBay, Vinted....

Si tienes ropa extra que ya no te queda (o que ya no te gusta), véndela en cualquier aplicacion por algo de dinero extra.

Consejo # 101: Use eBay para vender pc y portatiles viejos o partes de ellos.

Si tiene una computadora vieja que ya no usa, véndala en eBay o al menos desarme y venda sus partes, como el procesador, la placa base y la memoria RAM.

Consejo # 102: Utilice las apps o páginas locales para vender muebles viejos.

Vende tus muebles viejos en sitios de intercambio locales. Incluso si no gana mucho dinero con cada pieza, al menos puede conseguir que alguien se lleve sus muebles viejos de forma gratuita.

Consejo # 103: Negocie el precio de su automóvil.

Siempre que compre un automóvil, negocie el precio, en lugar de aceptar lo que se ofrece. A menudo, esto puede ahorrarle varios cientos de euros.

Consejo # 104: Traiga a alguien que sea bueno para negociar la próxima vez que compre un artículo caro.

Si está planeando comprar un artículo caro, como una casa o un automóvil o joyas caras, traiga consigo un buen regateador o un amigo experto en la materia en cuestión. Asegúrese de que esta persona hable y le ayude a obtener un precio más bajo.

Consejo # 105: Evite comprar garantías de la tienda.

Las garantías de las tiendas para productos electrónicos y otros productos a menudo son falsificaciones. Dada la probabilidad de reemplazo, el costo de la garantía es simplemente demasiado alto.

Consejo # 106: Busque un seguro independiente para productos en línea.

Si compra un teléfono celular o un televisor caro, busque un seguro independiente en línea. Con frecuencia, esto se puede obtener a un precio mucho más bajo.

Consejo # 107: Use un tendedero, en lugar de su secadora.

Considere usar un tendedero en lugar de una secadora. Podría ahorrar una gran cantidad de electricidad.

Consejo # 108: Apague las luces cuando no esté usando una habitación.

Si no está usando una habitación, apague las luces. No pague la electricidad si no la está usando.

Consejo # 109: Limpie las bobinas de su refrigerador.

Limpiar los serpentines de su refrigerador con regularidad puede reducir significativamente el costo de refrigeración al mejorar su eficiencia.

Consejo # 110: Utilice un banco que ofrezca servicios bancarios en línea.

Poder acceder a sus registros en línea puede marcar una diferencia importante cuando se trata de decisiones de ahorro y gasto, así que utilice un banco que ofrezca una buena banca en línea. Incluso hoy en día hay diferencia enre las bancas en línea, ya no cualquiera vale.

Consejo # 111: Pague sus facturas en línea.

Las empresas suelen estar dispuestas a reducir su factura si paga en línea. Hacer esto para 3 a 5 empresas puede reducir sus facturas en 50 € o más por mes.

Consejo # 112: Inscríbase en el pago automático de facturas.

Al igual que en el consejo 111, las empresas también suelen estar dispuestas a que page menos si se inscribe en el pago automático de facturas.

Consejo # 113: Compre un talonario de cupones para entretenerse.

Un libro de cupones es un libro que contiene cientos de cupones para diferentes productos y eventos en su área. Considere pagar la tarifa nominal de 10 € o 20 € para comprar uno de estos libros.

Consejo # 114: Regístrese en sitios de cupones de entretenimiento.

Los sitios de cupones locales a menudo ofrecen cupones específicos de la región diaria o semanalmente. Inscríbase en estos sitios para ahorrar en sus costos de entretenimiento y comidas.

Consejo # 115: Únase a un gimnasio menos costoso.

Los gimnasios varían mucho en precio. Algunos cuestan solo 10 € por mes. Otros cuestan más de 100 €. Salga de su gimnasio actual y cámbiese a uno más económico que ofrezca las comodidades que necesita.

Consejo # 116: Busque cupones para restaurantes.

Muchos sitios, incluido restaurant.com, ofrecen grandes cupones para cenas. Al unirse y aprovechar estos sitios, puede comer por una fracción del precio normal.

Eso es por tan solo 2 €, puede obtener una comida de 20€.

Consejo # 117: Renuncie a su membresía en el gimnasio y en su lugar salga a correr.

En lugar de ir a un gimnasio caro, renuncia a tu membresía y sigue una rutina de jogging regular. Además, cada vez en más parques hay maquinaria para hacer musculación y ejercicio.

Consejo # 118: Vaya a las proyecciones matinales de películas para ahorrar dinero.

Las proyecciones matinales de películas suelen costar entre ½ y 2/3 del precio de las proyecciones nocturnas. Considere cambiar los tiempos de visualización de películas para ahorrar dinero.

Consejo # 119: Compre billetes de avión con mucha anticipación.

En general, cuanto más compre los billetes de avión por adelantado, más baratos serán. Así que no espere hasta el último momento. Además, considera comprarlo con tu tarjeta de crédito si acumulas puntos o cashback. Siempre teniendo el dinero disponble para cuando te pasen el cargo.

Consejo # 120: No acepte precios de hotel cotizados. En su lugar, intente negociar.

Los hoteles a menudo están dispuestos a negociar si usted está dispuesto a preguntar. Así que no te quedes en silencio a menos que quieras pagar más.

Consejo # 121: Traiga bocadillos para los vuelos.

En lugar de pagar 5, 10, 20 € o más por bocadillos en los vuelos, traiga sus propios bocadillos y ahorre algo de dinero.

Consejo # 122: Cuando viaje, considere quedarse en un albergue.

Siempre que viaje, considere la posibilidad de alojarse en un albergue, en lugar de un hotel. Puede ahorrar hasta 80 € por noche si está dispuesto a quedarse en una habitación común y compartir un baño.

Consejo # 123: Compre productos de higiene a granel en línea.

Compre productos de higiene, como pasta de dientes y enjuague bucal, en línea al por mayor. Esto puede ahorrarle mucho dinero a largo plazo.

Consejo # 124: Compre maquillaje en línea y al por mayor.

Al igual que en el consejo 123, ahorre dinero comprando su maquillaje en línea al por mayor.

Consejo # 125: Evite las tendencias y las modas pasajeras.

Las tendencias y las modas de moda y de otro tipo pueden ser costosas. Evítelos y concéntrese en su felicidad a largo plazo.

Consejo # 126: Haga que los estudiantes de odontología le realicen un trabajo dental.

Las escuelas de odontología a menudo están dispuestas a realizar trabajos dentales por poco dinero o con descuento. Considere hacer el trabajo allí, en lugar de ir al dentista. También hay peluquerías donde los estudiantes en prácticas te cortan el pelo grátis.

Consejo # 127: Hágase un chequéo médico en una universidad cercana.

Hacer el chequéo médico en una universidad, en lugar de un médico, es a menudo una alternativa buena y de bajo costo.

Consejo # 128: Compre cupones en eBay.

Muchas personas revenden cupones que han recibido en eBay. Si planea comprar en estas tiendas, de todos modos, también puede comprar los cupones o tarjetas de regalo para ahorrar dinero.

Consejo # 129: Housesit para obtener dinero extra.

Una forma posible de ganar dinero extra es cuidar la casa. Esto simplemente implica encontrar a alguien que necesite un cuidador de la casa y luego quedarse en su residencia durante una semana o un mes mientras están de vacaciones.

Consejo # 130: Ofrézcase a cuidar niños de vecinos y miembros de la familia.

Si quieres ganar dinero, una buena forma es cuidar a los niños de los vecinos o de los miembros de la familia.

Consejo # 131: Considere usar sitios en línea para encontrar trabajos ocasionales.

Utilice sitios como Craigslist, segundamano, fiverr... para encontrar trabajos ocasionales. Dependiendo de sus habilidades, tendrá una variedad de oportunidades diferentes.

Consejo # 132: Cocine con más frecuencia.

Ahorre dinero si se queda en casa y cocina con más frecuencia, en lugar de pedir comida o ir a restaurantes.

Consejo # 133: Use una cuenta de ahorros de alto rendimiento.

En lugar de poner su dinero en una cuenta de ahorros con 0% de rendimiento, considere poner su dinero en una cuenta de ahorros de alto rendimiento. Quedan muy pocas debido al desplome de intereses, por lo que lo mejor es algún tipo de inversión, pero el colchón de emergencias que tengas es interesante que este en un tipo de cuenta así, ya que dispondrás de él de inmediato.

Consejo # 134: Vincule su cuenta corriente y de ahorros.

Vincular sus cuentas corrientes y de ahorros puede ayudarlo a evitar cargos por sobregiro. Compruebe si su banco ofrece esta opción.

Consejo # 135: Evite inscribirse en costosos extras de cuentas bancarias.

En lugar de aceptar ciegamente los costosos extras que ofrece su banco, considere si los necesita o no.

Consejo # 136: Pague su seguro de automóvil por adelantado.

Considere pagar su seguro de automóvil por adelantado para evitar la posibilidad de un pago atrasado o impago.

Consejo # 137: Haga los pagos de su automóvil por adelantado.

En lugar de hacer todos los pagos de su automóvil a tiempo, establezca la meta de pagarlos por adelantado y cancelar su préstamo lo antes posible. Si tiene un préstamo flexible, esto reducirá la cantidad de interés que paga en total.

Consejo # 138: Haga un pago adicional de la hipoteca cada año.

Pagar su hipoteca más temprano que tarde puede ahorrarle una cantidad considerable en pagos de intereses.

Consejo # 139: Evite las tarjetas de crédito con tarifas anuales.

No obtenga tarjetas de crédito que tengan tarifas anuales. En su lugar, busque solo tarjetas que sean de libre tenencia y uso, siempre y cuando pague el saldo por completo.

Consejo # 140: No obtenga un seguro de coche de alquiler.

El seguro de coche de alquiler a menudo no vale la pena. En su lugar, simplemente use su propio seguro.

Consejo # 141: No compre boletos de lotería.

El retorno esperado de un billete de lotería es negativo. No los compre.

Consejo # 142: No juegue al póquer ni apueste en ninguna disciplina.

A menos que tenga mucho dinero para desperdiciar, opte por no participar en juegos de póquer a menos que las apuestas sean muy bajas. Además, apostar o los casinos acaban creando adicción.

Consejo # 143: No vayas a los casinos.

Los casinos no podrían operar si sus retornos esperados fueran negativos. Por esta razón, cada vez que vaya a un casino, debe esperar perder dinero.

Consejo # 144: Trate de encontrar estacionamiento gratuito o económico, en lugar de conformarse con un costoso garaje.

Si va a algún lugar, intente encontrar estacionamiento en la calle gratuito o económico, en lugar de optar por un costoso estacionamiento en garaje.

Consejo # 145: Realice el mantenimiento rutinario de su automóvil.

Siempre debe realizar el mantenimiento de rutina de su automóvil, en lugar de esperar a que algo salga mal.

Consejo # 146: Siempre compare los seguros.

En lugar de tomar la primera cotización que obtenga, compare los seguros de automóviles y otros tipos de seguros.

Consejo # 147: Hable con un planificador financiero sobre la mejor manera de invertir su dinero.

En lugar de invertir su dinero sin planificar primero, comience por hablar con un planificador financiero. Podría ahorrarse una gran cantidad de problemas y dificultades a largo plazo.

Consejo # 148: Instale y use Skype o similares.

Para llamadas telefónicas de larga distancia, use Skype, en lugar de su teléfono. Puede ahorrar cientos de euros si realiza llamadas de larga distancia con frecuencia.

Consejo # 149: Alquile videojuegos de consola.

En lugar de pagar 50 € por un nuevo juego de consola, alquílalo por 5€. Dado que es probable que solo lo juegues una vez por completo, esto te ahorrará dinero.

Consejo # 150: Use un termostato que se pueda programar.

Un termostato programado puede garantizar que la calefacción solo se encienda cuando hace frío y se apague cuando hace demasiado calor. Esto ayudará a prevenir el desperdicio de energía.

Consejo # 151: Impermeabilice su hogar.

Al impermeabilizar su hogar, puede reducir significativamente sus costos de calefacción y refrigeración a largo plazo.

Consejo # 152: Plante árboles y arbustos estratégicamente para ahorrar en costos de energía.

Unos pocos árboles y arbustos colocados estratégicamente pueden ser de gran ayuda para mantener su casa protegida del viento y a la sombra de la luz solar.

Consejo # 153: Compre cosas usadas cuando sea posible.

Siempre que sea posible, compre libros usados, ropa usada y muebles usados. Ahorrarás mucho dinero.

Consejo # 154: Repara tu coche cuando sea posible.

Cuando sea factible y seguro, realice las reparaciones menores a su automóvil usted mismo. Por ejemplo, si tiene un rasguño, vaya a la tienda local de repuestos para automóviles y compre la pintura en aerosol del color correcto para hacer el trabajo de reparación usted mismo.

Consejo # 155: Pinte las habitaciones de su casa usted mismo.

Hacer un buen trabajo de pintura en el interior de su hogar no tiene por qué ser difícil. La próxima vez que lo necesite, hágalo en sus propios términos.

Consejo # 156: Realice las reparaciones a su casa usted mismo.

Adquiera el hábito de realizar reparaciones en su casa usted mismo. Trate de arreglar los grifos rotos, los artefactos de iluminación y otros artículos usted mismo y sin pagar por ayuda externa.

Consejo # 157: Compre regalos después de las vacaciones.

En lugar de enviar los regalos a tiempo, cómprelos en oferta después de la temporada navideña y luego envíelos.

Consejo # 158: Compre libros de texto usados en half.com.

Use sitios como half.com para comprar libros de texto usados con un gran descuento (si es estudiante).

Consejo # 159: Busque muebles y artículos en las aceras.

Mucha gente deja los muebles y otros artículos desechados junto a la acera. Considere escanear los bordillos en busca de artículos que puedan ser una buena adición a su hogar. Limpiarlos y customizarlos es un trabajo agradable, ahorra dinero y nada mejor que muebles personalizados.

Consejo # 160: Evite pagar por la entrega. En cambio, recoja la comida.

La entrega es un lujo caro. A menos que sea absolutamente necesario, recoja su comida en su lugar.

Consejo # 161: Reduzca el gasto en alimentos perecederos.

En lugar de comprar alimentos perecederos, compre alimentos que duren más. Compre los frescos a pocos días vista para evitar que se deterioren o maduren demasiado y acabemos tirándolos.

Consejo # 162: Compre productos enlatados y otros artículos que duren más.

Los alimentos enlatados durarán significativamente más que los alimentos frescos. Considere cambiar la mayoría de los artículos por alimentos enlatados para asegurarse de que los alimentos duren cuando no los consuma de inmediato.

Consejo # 163: Reevalúe periódicamente el despilfarro de sus compras.

365 Tip$ para tu vida financiera

En lugar de continuar con sus costumbres inútiles, tómese el tiempo para reevaluar si sus gastos son inútiles o no; y ajustar sus gastos en consecuencia.

Consejo # 164: No saque el máximo en préstamos preconcedidos.

En lugar de sacar el máximo de préstamo simplemente por tenerlo a nuestra disposición, saque lo justo y necesario. Incluso tratándose de deuda "buena" para conseguir amortiaarlo lo antes posible.

Consejo # 165: No solicite un préstamo simplemente porque califica para él.

El hecho de que califique para un préstamo no significa que siempre sea una buena idea tomarlo. Piense detenidamente antes de sacar uno.

Consejo # 166: No acepte simplemente el préstamo que le ofrece el concesionario cuando compra un automóvil.

Siempre que compre un automóvil, el concesionario intentará ofrecerle financiamiento.

365 Tip$ para tu vida financiera

En lugar de tomar esto simplemente porque está ahí, intente obtener una mejor tarifa de una opción externa.

Consejo # 167: Compare todos los préstamos que puede obtener con los préstamos que e-loan.com le ofrece.

Cuando se trata de obtener un préstamo, siempre compare lo que le ofrecen con lo que puede obtener con un préstamo electrónico.

Consejo # 168: Pague sus facturas a tiempo para evitar cargos por pagos atrasados.

No se pierda nunca el pago de una factura. Puede que un día no parezca gran cosa, pero en realidad, puede traducirse en un crédito empañado y tarifas caras.

Consejo # 169: Dé tutoría a los estudiantes en la escuela secundaria local para ganar dinero.

Si necesita ganar dinero, considere trabajar como tutor para estudiantes en una escuela en su área.

Concéntrese en un área en la que tenga experiencia.

Consejo # 170: Elija un trabajo de verano, como salvavidas.

Elija un trabajo de verano o de campaña. Además de su trabajo normal, le ayudará a ganar algo de dinero extra.

Consejo # 171: Elija un trabajo de invierno, como envolver regalos.

Los trabajos de invierno y los trabajos de temporada también pueden ser una buena adición a su empleo normal.

Consejo # 172: Agregue un trabajo de medio tiempo a su trabajo de tiempo completo.

Si ya está trabajando a tiempo completo, considere elegir un trabajo a tiempo parcial para aumentar sus ingresos. Obviamente como medida temporal para salir de deudas. No es la idea vivir trabajando todo nuestro tiempo.

Consejo # 173: Reúnase con un consejero profesional.

No pienses solo en el corto plazo. Considere cómo puede mejorar sus perspectivas de ingresos a largo plazo hablando con un consejero profesional y organizándose.

Consejo # 174: Regrese a la escuela para mejorar sus perspectivas profesionales.

Volver a la escuela es una de las mejores formas de salir adelante en la vida. Si actualmente está atrapado en un trabajo sin futuro, considere volver a la escuela para obtener un MBA u otro título práctico. No hay mejor inversión que en la educación de uno mismo.

Consejo # 175: Solicite periódicamente nuevos trabajos para ver qué tipos de ofertas puede obtener.

Si se pregunta qué tipo de salario podría ofrecerle el mercado, la mejor manera de averiguarlo es enviar solicitudes. Haga esto con regularidad para ver si sus perspectivas de ascender son buenas o no.

Consejo # 176: Blog sobre un tema que le interese y use AdSense para generar ingresos.

Elige un nicho. Blog sobre ese nicho. Y luego, agrega anuncios a su blog para generar ingresos publicitarios.

Consejo # 177: Venda productos de ClickBank como afiliado.

Elija un nicho y venda productos de ClickBank en ese nicho. Puede hacerlo utilizando AdWords o publicándolos en un sitio existente.

Consejo # 178: Cree productos digitales y véndalos con PayPal.

Cree productos digitales, como libros electrónicos breves o contenido de audio. Luego, configure un sitio pequeño, dirija el tráfico a él y acepte el pago a través de PayPal.

Consejo # 179: Inicie su propio negocio físico.

Inicie su propio negocio físico. Colóquelo en su casa originalmente, pero luego muévase a una tienda minorista una vez que las cosas tengan la oportunidad de crecer.

Consejo # 180: Realice mejoras en su negocio actual.

Si tiene un negocio existente, considere realizar mejoras para ayudar a reducir los costos a largo plazo o mejorar su alcance.

Consejo # 181: Reduzca los costos en los que incurre su negocio actual.

Otra forma de ganar más dinero es reducir los costos en su negocio actual. Encuentre formas de hacer las cosas de manera más eficiente y reducir los costos de sus insumos.

Consejo # 182: Consigue un compañero de cuarto.

Si quiere gastar menos en alquiler, consiga un compañero de cuarto.

Consejo # 183: Agrega un compañero de cuarto adicional.

Si ya tiene un compañero de habitación, pero aún tiene una habitación libre, considere agregar otro compañero de habitación para reducir aún más los costos.

Consejo # 184: Vaya a buscar otro piso para encontrar una mejor oferta.

Si su apartamento actual es demasiado caro, dedique más tiempo a buscar su próximo apartamento, de modo que pueda obtener un mejor precio por las comodidades que obtiene.

Consejo # 185: Solicite descuentos en seguros, como buenos descuentos para estudiantes.

Muchas compañías de seguros ofrecen descuentos para estudiantes y por otras razones. Cuando corresponda, asegúrese de obtener estos descuentos.

Consejo # 186: Múdate a una casa con menos (o ninguna) habitaciones sin usar.

Si vive en una casa con muchas habitaciones adicionales, considere mudarse a una que tenga menos o ninguna habitación vacía para reducir los costos innecesarios de hipoteca y calefacción.

Consejo # 187: Hágase una auditoría energética.

Una auditoría energética puede ayudarlo a determinar dónde está desperdiciando energía, de modo que pueda ajustar su comportamiento y ahorrar costos.

Consejo # 188: Trate de minimizar los costos de servicios públicos.

Siempre que sea posible, reduzca los costos de servicios públicos reduciendo el uso de energía y agua.

Consejo # 189: Aproveche los servicios gratuitos de asesoría financiera.

Muchas organizaciones sin fines de lucro ofrecen servicios de asesoramiento financiero gratuitos. Aprovecha estos si es posible.

Consejo # 190: Vaya a la oficina de ayuda estudiantil para obtener asesoramiento sobre sus préstamos.

Si es estudiante, vaya a la oficina de ayuda económica para obtener asesoramiento sobre sus préstamos. Descubra qué tipos de préstamos son los mejores para su situación particular. Así como las becas disponibles.

Consejo # 191: Aproveche las bibliotecas locales.

En lugar de comprar libros, videos y CD, tómelos prestados de su biblioteca local.

Consejo # 192: Aprovecha los parques.

Ir a un parque es una buena alternativa a las formas de entretenimiento más caras.

Consejo # 193: Sigue a tus tiendas favoritas en Facebook para obtener cupones.

Muchas tiendas ahora tienen páginas de Facebook que utilizan para anunciar ofertas. Únase a las páginas de las tiendas en las que se detiene con más frecuencia.

Consejo # 194: Inscríbase en boletines en línea para ofrecer cupones gratis a los suscriptores.

Muchos boletines en línea ofrecen cupones para sus propios productos y otros de forma gratuita. Únase a estos boletines y aproveche las ofertas.

Consejo # 195: Utilice el mismo servicio para Internet, TV por cable y teléfono.

Usar el mismo servicio para Internet, TV por cable y teléfono puede ahorrarle mucho dinero.

Consejo # 196: Junta todas tus cuentas en una app financiera.

Estas aplicaciones registran todos tus gastos e ingresos y te envían informes de tu salud financiera así como de tu score financiero.

Consejo # 197: Envíe por reembolsos.

Cuando compre un producto que viene con un reembolso, envíelo.

Consejo # 198: Obtenga dispositivos electrónicos reacondicionados, como teléfonos móvile o portatiles.

En lugar de pagar el precio total de los dispositivos electrónicos nuevos, compre dispositivos electrónicos reacondicionados para ahorrar dinero.

Consejo # 199: Use electrodomésticos de ahorro de energía recomendados.

Al amueblar su cocina y otras habitaciones con electrodomésticos, considere comprar solo electrodomésticos de bajo consumo aprobados por agencias gubernamentales para ahorrar en sus servicios públicos a largo plazo.

Consejo # 200: Compre medicamentos genéricos de venta libre, en lugar de comprar las versiones de marca.

Cuando compre medicamentos de venta libre, obtenga versiones genéricas, en lugar de marcas reconocidas. Son químicamente idénticos, pero más baratos.

Consejo # 201: Aproveche los programas de contrapartida de inversiones y pensiones del empleador.

Muchas empresas ofrecen planes de pensiones, participaciones en la empresa u otras contribuciones de inversión. Aproveche estos programas poniendo una porción mayor de sus ingresos directamente en su cuenta de inversión.

Consejo # 202: Aumente el deducible de su seguro.

Aumentar el deducible de su seguro de automóvil reducirá significativamente la prima que paga mensualmente.

Consejo # 203: No siempre presente reclamaciones de seguros.

Antes de presentar un reclamo de seguro, decida si vale la pena o no. Por ejemplo, ¿los 500 € que evita pagar de su bolsillo serán menos que la cantidad que pagará en primas más altas?

Consejo # 204: Solicite tarjetas de crédito con 0% de interés.

Siempre que sea posible, obtenga una tarjeta de crédito con APR del 0% y transfiera la deuda de su tarjeta de crédito con intereses altos a esa tarjeta.

Consejo # 205: Elimine las costosas fuentes de deuda.

No todas las fuentes de deuda son iguales. Elimine los que incurren en gastos de financiación masivos pagándolos primero o contratando un préstamo de consolidación para eliminarlos.

Consejo # 206: Vaya a una feria de salud para obtener servicios de costo reducido.

Las ferias de salud a menudo ofrecen tarifas con grandes descuentos en chequeos físicos, controles de presión arterial y otros procedimientos médicos de rutina. Aprovecha estos para ahorrar algo de dinero.

Consejo # 207: No vaya a la sala de emergencias ni use otros servicios médicos de alto costo.

En lugar de ir a la sala de emergencias, programe una cita con un médico. La previsión de chequeos te ahorrará gastos en chequeos privados de urgencia.

Consejo # 208: Utilice un kit pruebas médicas para los procedimientos de rutina.

En muchos casos, el uso de un kit de atención médica puede ser una alternativa económica a visitar a un médico. Vea qué pruebas están disponibles para su situación; y decidir si vale la pena o no.

Consejo # 209: Busque servicios de atención médica gratuitos.

La próxima vez que vea una clínica de salud gratuita o algún otro servicio de atención médica gratuito, aprovéchelo.

Consejo # 210: Argumente las reclamaciones de seguros en su contra.

La próxima vez que se vea involucrado en un accidente automovilístico, trabaje duro para exponer su caso. No permita simplemente que las compañías de seguros escuchen la versión de la historia de la otra persona.

Consejo # 211: Asegúrese de exponer su caso de manera clara y detallada a las compañías de seguros.

Llame a su compañía de seguros y trabaje con la persona involucrada en su reclamo. Asegúrese de no quedarse atascado con reclamos fraudulentos que no estén relacionados con su accidente.

Consejo # 212: Compre gafas nuevas siempre que haya ofertas disponibles.

De vez en cuando, las empresas ofrecerán grandes descuentos en gafas. Siempre que estén disponibles, aprovéchelas para conseguir un nuevo par de gafas.

Consejo # 213: Blanquea los dientes en casa con productos comprados en la tienda, en lugar de pagar por servicios profesionales.

En lugar de pagar por servicios profesionales de blanqueamiento dental, compre una tienda en una tienda de conveniencia y utilícela en casa. Esto puede ahorrarle cientos de dólares y producir resultados comparables.

Consejo # 214: Utilice las tiendas de euro.

Si bien gran parte de los inventarios de las tiendas de euro son artículos frívolos, algunas cosas son realmente útiles. Busque estos artículos y ahorre.

Consejo # 215: Para las comidas caseras, evite los alimentos precortados y pique los alimentos en casa.

Comprar alimentos antes de cortarlos le permitirá ahorrar una gran cantidad de dinero. Adquiera el hábito de hacer esto.

Consejo # 216: Preste atención a los recibos.

Cuando esté en la caja registradora, preste atención al precio de cada artículo a medida que se ingresa. Además, revise el recibo después de que haya terminado para asegurarse de que se le haya cobrado correctamente por cada artículo.

Consejo # 217: Quéjese si el precio del artículo escaneado no coincide con el precio en el estante.

En algunos casos, los precios no se habrán actualizado en el sistema de la tienda; y, como resultado, el escáner no obtendrá un descuento. Asegúrate de solicitar el descuento en estos casos.

Consejo # 218: gane dinero comprando y revendiendo en eBay u otras plataformas.

Mire la cesta de gangas en las tiendas de ropa y otros puntos de venta. Obtenga artículos en oferta y luego véndalos por internet.

Consejo # 219: Configura una tienda eBay.

Una forma de ganar reputación en eBay y acelerar sus ventas es crear una tienda. Haga esto para vender su mercancía de la caja de gangas.

Consejo # 220: Compre productos en subastas gubernamentales y véndalos en eBay.

Si desea ganar dinero sin realizar una gran inversión, considere comprar productos con un gran descuento en las subastas del gobierno; y luego revenderlos en eBay.

Consejo # 221: Utilice métodos económicos para promocionar su negocio, como la publicidad en línea.

En lugar de utilizar costosos métodos de promoción, intente utilizar publicidad dirigida para su negocio tradicional, como anuncios contextuales en línea.

Consejo # 222: Anuncie su negocio o servicios a través de folletos y apps.

Anuncie su negocio físico o sus servicios a través de folletos y apps.

Consejo # 223: Localice la chatarra y véndala en un depósito de chatarra.

Los depósitos de chatarra suelen estar dispuestos a pagar cientos de dólares por grandes piezas de aluminio u otros metales. Considere usar sitios como Craigslist para ubicar piezas de chatarra, de modo que pueda recogerlas y revenderlas.

Consejo # 224: Ofrézcase a llevar a sus compañeros de trabajo y amigos a lugares comunes si están dispuestos a cubrir parte de la gasolina.

Siempre que sea posible, intente organizar un viaje compartido con sus amigos y compañeros de trabajo. Esto les permitirá compartir el costo de la gasolina y el desgaste del automóvil.

Consejo # 225: Cree y venda contenido en línea.

Si es bueno escribiendo, considere escribir artículos, libros electrónicos o informes y luego venderlos en línea.

Consejo # 226: Trabaje a través de Elance.com como consultor.

Si desea ganar dinero en línea, considere trabajar como consultor en su área de especialización en Elance.com.

Consejo # 227: Encuentre proyectos de redacción independientes en línea.

Encuentra proyectos independientes en Elance.com, feverr y otros sitios para ganar dinero en tu tiempo libre.

Consejo # 228: Elija proyectos de programación autónoma en línea.

Utilice sitios como rentacoder.com para realizar trabajos de programación adicionales para ganar más dinero en su tiempo libre.

Consejo # 229: Ofrezca vender las cosas de sus amigos y vecinos en eBay por una pequeña comisión.

¿Conoce a alguien que tenga algo de basura extra por ahí en su casa? Ofrezca venderlo en línea en eBay por una pequeña comisión.

Consejo # 230: Crea una tienda CafePress y vende camisetas u otros productos.

CafePress le permite crear sus propios productos, como tazas, camisetas y calcomanías para parachoques. Si eres una persona creativa, crea tu propia tienda y luego úsala para vender tu mercancía personalizada.

365 Tip$ para tu vida financiera

Consejo # 231: Venda productos de afiliados usando Commission Junction.

Venda productos electrónicos y tangibles como afiliado utilizando sitios como Commission Junction.

Consejo # 232: Utilice Linkshare.com para vender productos tangibles como afiliado.

Algunas de las corporaciones más grandes y respetadas venden sus productos a través de afiliados independientes en linkshare.com. Considere crear una cuenta y vender sus productos a través de su sitio web existente (o crear un nuevo sitio web para hacerlo).

Consejo # 233: Venda fotografías de archivo individuales.

Tome fotografías de cosas cotidianas, como puestas de sol, amaneceres, edificios, animales y escenas de la naturaleza. Vende estas fotos individuales en un sitio de fotos de archivo.

Consejo # 234: Venda cajas de luz de fotos de stock.

Si eres un buen fotógrafo, crea una caja de luz de fotos para un tema en particular y luego véndelo en un sitio de fotos de archivo.

Consejo # 235: Trabaja como bloguero a sueldo.

Usando Elance.com u otro sitio, busque un administrador del sitio que necesite un bloguero de tiempo completo. Si eres un buen escritor que puede crear entradas de blog inteligentes, esta es una buena forma de ganar dinero.

Consejo # 236: Venda servicios de soporte para software de código abierto.

Dado que cualquiera puede hacerlo legalmente, considere brindar soporte pagado para software de código abierto, como OpenOffice o WordPress. Utilice foros para comercializar sus servicios.

Consejo # 237: Vende plantillas de WordPress.

365 Tip$ para tu vida financiera

Si eres un programador razonablemente bueno y tienes buen ojo para el diseño, considera la posibilidad de crear y vender plantillas de WordPress. Las buenas plantillas pueden obtener alrededor de 25 € por pieza.

Consejo # 238: Ofrezca servicios de ayuda de software remotos.

Si es un experto en tecnología, comercialice sus servicios a través de Elance.com como instalador de software remoto o solucionador de problemas. Servicios como estos pueden costar hasta 40 € la hora.

Consejo # 239: Compre y venda sitios web.

Usando sitepoint.com y otros mercados de sitios en línea, compre, desarrolle y revenda sitios. Si eres bueno en eso, esta puede ser una excelente manera de ganar dinero.

Consejo # 240: Invierta en "bienes raíces virtuales".

365 Tip$ para tu vida financiera

En lugar de invertir todos sus ahorros en acciones y bonos, coloque algunos de ellos en dominios, sitios completamente desarrollados u otras formas de bienes raíces virtuales.

Consejo # 241: Venda anuncios publicitarios en su sitio web.

Si tiene un sitio que genera tráfico, considere vender espacio publicitario en banner para generar ingresos.

Consejo # 242: Venda anuncios de costo por clic (CPC) en su sitio a través de Google AdSense.

En lugar de vender anuncios de banner, considere vender publicidad de CPC a través de Google AdSense en su sitio.

Consejo # 243: Venda anuncios de CPC en su sitio usando YPN.

Considere utilizar YPN, en lugar de AdWords, para generar ingresos para su sitio.

365 Tip$ para tu vida financiera

Consejo # 244: Use PayPerPost y revise productos en su blog por dinero.

Si tiene un blog popular, considere usar PayPerPost, que le pagará por revisar productos en su blog.

Consejo # 245: Desarrolle y venda sitios.

En lugar de comprar, desarrollar y vender sitios, comience con la fase de desarrollo. Elija un nicho, desarrolle un sitio viable, promuévalo y luego véndalo.

Consejo# 246: Cree una red de sitios para ganar dinero.

En lugar de crear un solo sitio y revenderlo, cree una red de sitios que se complementen entre sí. Por ejemplo, puede crear un sitio de redes sociales especializado para generar tráfico; y luego podría canalizar ese tráfico a un sitio minorista.

Consejo # 247: Crea tu propio foro.

Elija un nicho, cree un foro y luego cree ese foro. Una vez que haya acumulado una gran cantidad de miembros, véndalo en sitepoint.com o en otro mercado de sitios.

Consejo # 248: Compra y haz crecer un foro.

En lugar de desarrollar su propio foro, compre el foro de otra persona, mejórelo, envíe tráfico a él y luego vuelva a venderlo.

Consejo # 249: Venda sus servicios en Sitepoint.com.

Además de vender sus servicios en Elance.com y Guru.com, venda sus servicios en otros lugares, como sitepoint.com.

Consejo # 250: Encuentre un miembro talentoso de warriorforum.com para trabajar como aprendiz.

Si está buscando desarrollar habilidades empresariales a largo plazo, considere trabajar como aprendiz (gratis) para un emprendedor de warriorforum.com u otro foro popular de marketing o negocios.

Consejo # 251: Crea un libro electrónico y véndelo.

Si eres un experto en un tema y un buen escritor, crea un libro electrónico y véndelo en línea por un precio relativamente económico.

Consejo # 252: Cree un informe y regálelo de forma gratuita.

Si tiene un sitio existente, cree un breve informe en PDF y regálelo de forma gratuita. Dentro del informe, incluya enlaces que apunten a su sitio, de modo que todos los que lean el informe estén expuestos a su sitio.

Consejo # 253: Venda un libro de tapa dura.

Si ya tiene un libro electrónico que se está vendiendo bien, considere convertirlo en un libro de tapa dura a través de un sitio de autoedición; y luego revenderlo.

Consejo # 254: Cree y regale contenido de video para promocionar su sitio.

Además de regalar informes gratuitos, también considere regalar contenido de video. Puedes hacerlo usando Camtasia o Camstudio.

Consejo # 255: Crea y regala contenido de audio para promocionar tu sitio.

Utilice software gratuito para crear contenido de audio. Utilice este contenido de audio para promocionar su sitio web existente, de modo que obtenga más ventas.

Consejo # 256: Crea una lista de correo electrónico.

Independientemente de si posee un sitio web o no, considere la posibilidad de crear una lista de correo electrónico; y luego comercializar productos y servicios para esa lista.

365 Tip$ para tu vida financiera

Consejo # 257: Envía mensajes a tu lista de correo electrónico.

Si tiene una lista de correo electrónico, venda productos afiliados a su lista por una comisión o cree nuevos productos para venderle.

Consejo # 258: Venda anuncios en su lista de correo electrónico.

Además de lanzar productos de afiliados y sus propios productos a listas de correo electrónico, considere permitir que otros propietarios de negocios paguen para anunciarse en su lista de correo electrónico. Si tiene una lista grande, esto puede resultar bastante rentable.

Consejo # 259: Realice el arbitraje en eBay y otros sitios de subastas.

Usa eBay para encontrar productos inusualmente baratos. Revenda esos mismos productos en eBay u otros sitios de subastas a un precio más alto.

Consejo # 260: Trabaje como redactor publicitario para un comercializador de Internet.

Encuentre un comercializador de Internet que necesite un redactor publicitario en warriorforum.com. Ofrezca hacer el trabajo de redacción con un gran descuento.

Consejo # 261: Venda sus habilidades de redacción publicitaria en Elance.com.

Además de vender sus habilidades a los especialistas en marketing en el Foro Guerrero, considere vender sus servicios de redacción publicitaria en Elance.com también.

Consejo # 262: Trabaje como cuidador de mascotas independiente para las familias de su área.

Encuentre familias en su área que necesiten un cuidador de mascotas. Ofrezca aceptar el trabajo.

Consejo # 263: Venda servicios profesionales de pasear perros.

365 Tip$ para tu vida financiera

Considere la posibilidad de vender servicios de pasear perros a las familias de su área. Esto puede resultar muy rentable, especialmente si puede pasear a varios perros al mismo tiempo.

Consejo # 264: Realice trabajos de jardinería independientes, como cortar el césped.

Toma trabajos ocasionales como paisajista. Ofrézcase para cortar el césped, cortar el césped y eliminar las malas hierbas.

Consejo # 265: Palear o arar los caminos de entrada.

En el invierno, ofrézcase a palear o arar los caminos de entrada. Esto funcionará especialmente bien si tiene un arado y un camión, ya que puede ganar $ 20 fácilmente arando un camino de entrada corto.

Consejo # 266: Consiga un trabajo de medio tiempo en una tienda y aproveche el descuento.

Los grandes almacenes suelen ofrecer grandes descuentos a los empleados. Consigue trabajo en uno de ellos y aprovecha el descuento para comprar todo más barato.

Consejo # 267: Trabaje como caddie en un campo de golf.

Si bien trabajar como caddie puede parecer un trabajo de baja categoría, a menudo puede generar buenas conexiones en el proceso. Considere hacerlo en su campo de golf local. También puede ser utilero en cualquier club deportivo.

Consejo # 268: Busque socios de empresas conjuntas.

Si tiene un negocio o un producto, busque socios de empresas conjuntas para promover su negocio, franquiciarlo o expandirlo a lo largo de alguna dimensión rentable.

Consejo # 269: Ahorre el 10% de sus ingresos.

Si desea ahorrar dinero, comprométase a destinar al menos el 10% de sus ingresos inicialmente. Con el tiempo, considere aumentar esta cantidad.

Consejo # 270: Ponga su dinero ahorrado en inversiones a largo plazo, para que no pueda retirarlo.

Si tiene dificultades para evitar gastar dinero, use cuentas de inversión que incurran en cargos si retira dinero antes de tiempo. Esto le dará un incentivo para no hacer trampa.

Consejo # 271: Configure el dinero para que se retire automáticamente de su cuenta bancaria y se coloque en un fondo mutuo o cuenta de inversión.

Para facilitar el ahorro, configure su cuenta bancaria para que el dinero se envíe automáticamente a una cuenta de inversión después de que se deposite su cheque de pago.

Consejo # 272: No lleve dinero en efectivo.

Tener efectivo disponible hará que sea más probable que lo gaste. En su lugar, trate de llevar muy poco dinero en efectivo.

Consejo # 273: Establezca metas y cumplalas.

Cuando se trata de ahorrar, establecer metas es vital. Decide adónde quieres ir, comprométete con él y luego hazlo.

Consejo # 274: Compre libros y ropa en tiendas de segunda mano y véndalos en línea.

Vaya a las tiendas de segunda mano donde se venden muebles y prendas de vestir de segunda mano. Cómprelos con un gran descuento y luego véndalos en sitios como eBay y Amazon.

Consejo # 275: Brinde servicios de corrección de pruebas para los estudiantes.

Si eres un buen escritor, considera ofrecer servicios de corrección de pruebas para estudiantes universitarios por una tarifa nominal. Puede hacer esto en una universidad local o buscando estudiantes en sitios como Elance.com.

Consejo # 276: Trabaja como un póster de foro pago.

Si ya te gusta publicar en foros, considera aceptar un trabajo como póster de un foro. Por lo general, se le asignará a un nicho ya un conjunto de foros; y luego deberá cumplir con una cierta cuota de publicaciones en el foro cada día.

Consejo # 277: Conviértase en un administrador de sitio pago.

Si tiene buenas habilidades de programación y administración de sitios, considere la posibilidad de convertirse en administrador de sitios para diversas pequeñas empresas basadas en Internet. Puede encontrar estos trabajos a través de sitios independientes y foros.

Consejo # 278: Programe un guión útil y véndalo.

Si tiene habilidades de programación, cree un guión útil y véndalo en un mercado hambriento, como un foro relacionado.

Consejo # 279: Contrate a un programador para que desarrolle un guión y lo revenda.

Si no tiene conocimientos de programación, contrate a un desarrollador para que cree el script por usted. Y luego comercialícelo y véndalo usted mismo.

Consejo # 280: Desarrolle una aplicación de Facebook.

Si tiene interés en desarrollar aplicaciones, considere desarrollar una para una plataforma masiva, como Facebook.

Consejo # 281: Venda servicios de instalación de scripts.

Si no tiene habilidades de desarrollo, pero puede instalar scripts para sitios, ofrezca ese servicio por una tarifa baja en foros de negocios y en Elance.com.

Consejo # 282: Realice envíos de directorio pagados.

Ofrezca enviar sitios para vincular directorios por un precio fijo. Haga esto en foros de webmasters y en sitios independientes.

Consejo # 283: Trabaja como consultor de SEO.

Si tiene experiencia en la promoción de sitios, considere trabajar como consultor de SEO independiente. Si bien este puede no ser un trabajo de tiempo completo, puede que no sea una mala manera de obtener ingresos adicionales.

Consejo # 284: Trabaje en la entrada de datos independiente.

La entrada de datos es un trabajo simple que generalmente no requiere habilidades de alto nivel. Considere buscar trabajos de ingreso de datos en Elance.com para cuando tenga tiempo libre.

Consejo # 285: Alquile un servidor y permita que las personas compren espacio de almacenamiento.

Para ganar algo de dinero extra, considere alquilar un servidor y luego usar ese servidor para vender espacio de almacenamiento a las personas que poseen y dirigen negocios basados en Internet.

Consejo # 286: Trabaje como especulador de nombres de dominio.

Comprar, mantener y revender dominios puede ser muy rentable si lo hace correctamente. Considere trabajar como especulador de nombres de dominio para ganar algo de dinero extra.

Consejo # 287: Cree un sitio de suscripción en un nicho que le interese.

Si tiene un gran interés en un nicho en particular, considere la posibilidad de crear un sitio de suscripción en línea que proporcione información, software y libros relacionados con ese tema.

Consejo # 288: Diseñe y venda logotipos de sitios.

Si tiene habilidad para el diseño de sitios web, considere diseñar y vender logotipos para webmasters en sitios como sitepoint.com.

Consejo # 289: Vende imágenes prediseñadas.

Similar al consejo 288, pero con imágenes prediseñadas.

Consejo # 290: Venda avatares personalizados para foros.

Similar al consejo 288, pero con avatares de foro.

Consejo # 291: Intercambios de enlaces de intermediarios entre sitios por una tarifa.

Para generar tráfico, los sitios necesitan obtener enlaces entrantes de sitios de alto tráfico y relaciones públicas. Considere trabajar para negociar intercambios y ventas entre sitios que quieran adquirir enlaces de sitios con altas relaciones públicas.

Consejo # 292: Elimine las deudas de tarjetas de crédito antes de invertir.

Cuando se trata de invertir, intente eliminar todas las deudas de su tarjeta de crédito antes de invertir dinero. Dado que la tasa de interés de sus tarjetas de crédito es más alta que su rendimiento, la mejor inversión que puede hacer es eliminarla.

Consejo # 293: Elimine la deuda en orden del tamaño de la tasa de interés.

Cuando elimine la deuda de la tarjeta de crédito, hágalo en orden del tamaño de la tasa de interés. Las tasas de interés más altas deben ir primero.

Consejo # 294: Asuma una cantidad moderada de riesgo al invertir.

Siempre que invierta, asuma al menos un poco de riesgo. De lo contrario, es poco probable que obtenga un rendimiento superior al 0%. La vida es un riesgo, simplemente cada uno los minimiza hasta donde esté dispuesto a soportar.

Consejo # 295: No ponga todo su dinero en bonos.

Al igual que con el consejo 294, no aborde la inversión de manera demasiado conservadora, especialmente si está invirtiendo para una jubilación lejana.

Consejo # 296: Deje de aumentar su consumo cuando aumenten sus ingresos.

Cuando sus ingresos aumenten, agregue más a sus ingresos, en lugar de a su consumo. Es una ocasión ideal para establecer o reajustar tu plan financiero, no la dejes escapar.

Consejo # 297: Practique la frugalidad en todas sus elecciones.

En todas las decisiones de su vida, practique la frugalidad. Trate de buscar una opción barata, pero lo suficientemente buena, en lugar de la opción más cara. Lee el "Método Desot" y ponlo en practica.

Consejo # 298: No intente "mantenerse al día" con sus amigos.

Deje de intentar "mantenerse al día" con sus amigos gastando más. En su lugar, acepte que el televisor más nuevo y más grande y un automóvil nuevo simplemente pueden estar fuera de su alcance financiero. Y no pasa nada.

Consejo # 299: Viva de forma sencilla.

Practique vivir con sencillez y disfrutar de actividades sencillas y económicas. No confíe en el dinero para traer la felicidad. Disfrute de los momentos, no de las cosas. Máxima del minimalismo.

Consejo # 300: Cree un presupuesto y sígalo cuidadosamente.

En lugar de permitir que los gastos ad-hoc gobiernen su vida, cree un presupuesto mensual y sígalo cuidadosamente. A menos que tenga una muy buena razón, no se desvíe.

Consejo # 301: Haga un presupuesto con su cónyuge.

Si está casado o vive en pareja, haga un presupuesto conjunto con su cónyuge. En lugar de intercambiar dinero entre ustedes, averigüe cuánto tienen juntos y determine sus decisiones financieras de manera conjunta.

Consejo # 302: Actualice su presupuesto al menos una vez al mes.

Al menos una vez al mes, vuelva a considerar el presupuesto que ha creado y decida si ha asignado las cantidades correctas a las categorías correctas. Si no es realista o pone demasiado en una categoría en particular, reajuste su presupuesto.

Consejo # 303: Use el combustible de menor octanaje permitido para su automóvil por el manual del propietario.

Si su automóvil no requiere combustible de alto octanaje, no lo use. No hace nada para ayudar a su automóvil y es más caro.

Consejo # 304: Busque seguros de vivienda o inquilinos más baratos.

No se limite a elegir la primera opción que tenga para el seguro de inquilino o propietario. En su lugar, intente encontrar una empresa que ofrezca el tipo de cobertura adecuado y a un precio que pueda pagar.

Consejo # 305: Evite contratar préstamos sobre el valor líquido de la vivienda.

Los préstamos con garantía hipotecaria son una buena manera de asegurarse de que nunca pague su hipoteca y nunca sea dueño de su casa. A menos que necesite comprar uno para cubrir facturas médicas o algo igualmente importante, no lo obtenga.

Consejo # 306: Busque periódicamente una refinanciación.

De vez en cuando, mire a su alrededor para refinanciar su hipoteca. Podría ahorrar una enorme cantidad en pagos mensuales mediante una pequeña reducción de la tasa de interés.

Consejo # 307: Ajuste su retención de impuestos para obtener un aumento.

365 Tip$ para tu vida financiera

En muchos casos, su retención de impuestos será demasiado alta. Tómese el tiempo para ajustarlo, de modo que pueda tener el dinero ahora, en lugar de cuando pague impuestos.

Consejo # 308: Cambie a notificaciones sin papel para sus facturas.

Muchas empresas te quitarán entre 5 y 10 € de tu factura cuando utilices notificaciones electrónicas exclusivamente. Haga esto con todas sus facturas.

Consejo # 309: Use la biblioteca, en lugar de comprar libros nuevos.

En lugar de comprar libros nuevos, use la biblioteca local o la biblioteca de la universidad para sacar el libro.

Consejo # 310: Busque DVD en la biblioteca, en lugar de alquilarlos.

Use la biblioteca local para pedir prestados DVD, en lugar de pagar 5-10 € para alquilarlos por unos días.

Consejo # 311: Venda su automóvil y use un servicio de conexión de e-carpooling para ir al trabajo.

Utilice un servicio de e-carpooling para encontrar transporte al trabajo. Por lo general, puede hacer esto sin tener un automóvil, siempre que esté dispuesto a pagar por la gasolina.

Consejo # 312: Verifique si su cuenta corriente y/o de fondos está asegurada por el gobierno.

Si el gobierno asegura su cuenta, no correrá el riesgo de perder dinero si algo le sucede al banco, que está utilizando para ahorrar.

Consejo # 313: Busque la cuenta de ahorros que ofrezca el mayor rendimiento con poco o ningún riesgo.

La mayoría de las cuentas de ahorro conllevan poco o ningún riesgo. Aproveche esto buscando la cuenta de ahorros que ofrezca el mayor rendimiento.

Consejo # 314: A medida que envejece, transfiera más dinero de acciones a bonos.

A medida que se acerque a la jubilación, retire su dinero de las acciones de riesgo y lo coloque en bonos gubernamentales y con calificación AAA. Su rendimiento promedio será menor, pero se protegerá contra la pérdida de una gran parte de su patrimonio neto con pocos años de trabajo para recuperarlo.

Consejo # 315: Reserve dinero para ahorros antes de asignar dinero a cualquier otra categoría de presupuesto.

Considere ahorrar primero y gastar después. Intuitivamente, esto puede parecer al revés, pero en realidad, es un hábito excelente para desarrollar.

Consejo # 316: Desarrolle buenos hábitos de ahorro.

Adquiera el hábito de poner dinero extra en sus ahorros siempre que lo tenga, en lugar de buscar formas de gastarlo.

365 Tip$ para tu vida financiera

Consejo # 317: Empiece a ahorrar temprano.

En lugar de esperar hasta los 30 o 40 años para comenzar a ahorrar para la jubilación, comience a hacerlo mientras sea joven. El interés compuesto hará que esta decisión de inversión valga la pena.

Consejo # 318: Obtenga una cuenta de ahorros gratis.

En lugar de obtener una cuenta de ahorros que requiera varias tarifas y pagos, busque una cuenta gratuita. En la mayoría de las situaciones, si mantiene al menos 100 € en la cuenta, puede hacerlo de forma gratuita.

Consejo # 319: Intente negociar una tasa más baja a cambio de utilizar el depósito directo.

Algunos bancos le darán incentivos para utilizar el depósito directo y las transferencias electrónicas, en lugar del cambio de cheques. Vea si puede usar esto como moneda de cambio para negociar tarifas más bajas.

Consejo # 320: Es posible que las tarjetas de crédito que ofrecen reembolsos o recompensas no siempre sean la mejor opción.

Incluso si una tarjeta ofrece un reembolso del 3% en efectivo, es posible que no sea la mejor tarjeta para usted. Considere otras dimensiones de la tarjeta, como su APR y su tarifa anual.

Consejo # 321: Establezca metas de ahorro.

Decida cuánto quiere ahorrar antes de llegar a los 30, 40 y 50. Fíjese metas específicas y trate de mantenerlas.

Consejo # 322: Ejecute sus metas de ahorro.

Cuando se trata de su plan de ahorro, la ejecución es clave. Una cosa es decir "Quiero tener al menos $ 60,000 / año para vivir después de que me jubile" y otra es hacer que suceda. No se deje llevar demasiado lejos cuando intente ejecutar su plan de ahorro.

Consejo # 323: Establezca metas para su negocio.

Si es dueño de una empresa, establezca metas para su crecimiento y desarrollo. En lugar de dejar que las cosas se desvíen, oblíguelas a moverse en una dirección favorable.

Consejo # 324: Establezca metas financieras personales.

Cuando se trata de finanzas personales, manténgase encaminado mediante la creación de metas. Por ejemplo, establezca una meta para crear y ceñirse a un presupuesto mensual. O establezca una meta para no perder una sola factura (o pagar tarde) durante todo un año.

Consejo # 325: Evalúe periódicamente qué tan bien ha mantenido sus metas.

De manera regular, decida si ha cumplido con sus objetivos comerciales y financieros. Si lo está haciendo mal, pregunte por qué. Y también piensa en cómo puedes mejorar.

Consejo # 326: Sea consistente con sus hábitos de ahorro.

De vez en cuando, nos convencemos a nosotros mismos de que no necesitamos ahorrar cuando nuestras vidas se vuelven financieramente difíciles. Sin embargo, en realidad, nos estamos preparando para alternar entre buenos y malos comportamientos de ahorro.

Consejo # 327: Encuentra un trabajo mejor.

Una forma importante de aumentar sus ingresos es simplemente encontrar un trabajo mejor. Si ha estado trabajando en el mismo lugar durante 10 años y ha recibido pocos aumentos, considere aprovechar su experiencia y cambiarse a un trabajo que esté dispuesto a pagarle más.

Consejo # 328: No compre cosas que no pueda pagar.

En general, una buena forma de ahorrar dinero es evitar comprar cosas que no pueda pagar. Si no puede pagar un televisor de pantalla grande sin pagarlo con crédito, no lo compre.

Consejo # 329: Si eres un estudiante, compra versiones de bolsillo de los libros de texto.

Como estudiante, los libros de texto pueden ser increíblemente caros. Por esta razón, debe intentar buscar versiones de bolsillo y de segunda mano en half.com, Amazon.com y otros revendedores de libros.

Consejo # 330: Compre versiones electrónicas de productos tangibles.

Si un producto viene en forma tangible y electrónica, opte por la forma electrónica. A menudo será considerablemente más barato.

Consejo # 331: Visite retailmenot.com para obtener cupones antes de pagar.

Cuando compre artículos en tiendas minoristas en línea, consulte retailmenot.com para determinar si hay cupones disponibles para esa tienda.

365 Tip$ para tu vida financiera

Consejo # 332: Recicle su ropa vieja en cosas que necesite.

Si tiene ropa vieja que no usa, considere reciclarla en algo que necesite, como una decoración de pared, una billetera o un brazalete.

Consejo # 333: Use decoraciones antiguas de formas nuevas.

Un jarrón con flores puede convertirse en un jarrón con arena o cuentas decorativas. Sea creativo al usar decoraciones antiguas para hacer otras nuevas.

Consejo # 334: Utilice sitios web de intercambio de libros para obtener libros nuevos.

Utilice un sitio de intercambio de libros para intercambiar sus libros antiguos que ya ha leído por otros nuevos. Esta es una excelente alternativa a la compra constante de libros nuevos.

Consejo # 335: Utilice sitios web que le pagan por registrarte.

Cree un email extra y muchas webs le paganalgo de dinero por registrarse. Haga todas las disponibles y emplee ese dinero para invertir, ya que no contaba con él.

Consejo # 336: Utilice sitios web que te pagan por traer amigos.

Suelen ser los mismos del consejo 335. No solo te pagan por registrarte si no que te pagan otro extra por amigos referidos.

Consejo # 337: Desenchufe la electrónica cuando no esté en uso.

Cuando no están en uso, muchos aparatos electrónicos aún consumen energía si están enchufados. Por lo tanto, a partir de ahora, desconecte los aparatos que absorben energía cuando no estén en uso.

Consejo # 338: Use una regleta con sus dispositivos electrónicos en su centro de entretenimiento.

Utilice una regleta con todos los dispositivos electrónicos de su centro de entretenimiento. Cuando no esté en uso, apague la regleta de enchufes.

Consejo # 339: Cierre el grifo mientras se cepilla los dientes.

Ahorrar agua puede reducir sus facturas de servicios públicos. Así que la próxima vez que te laves los dientes, recuerda cerrar el agua, en lugar de dejarla correr.

Consejo # 340: Pase menos tiempo en la ducha.

Al igual que con el consejo 339, intente ahorrar agua pasando menos tiempo en la ducha.

Consejo # 341: Embotelle su propia agua.

En lugar de comprar agua embotellada cara, llene una botella de agua con el grifo de su casa.

Consejo # 342: Use baterías recargables.

En lugar de comprar baterías nuevas constantemente, compre baterías recargables, que durarán muchos ciclos.

Consejo # 343: Si tiene un niño pequeño, use pañales de tela.

Si tiene un niño pequeño, considere usar pañales de tela en lugar de pañales de plástico para ahorrar costos.

Consejo # 344: Use Internet en la biblioteca y espacios públicos.

En lugar de pagar por una conexión a Internet en casa, utilice Internet en la biblioteca.

Consejo # 345: Utilice bienes y servicios públicos.

Hacer uso de bienes y servicios públicos, como estaciones wifi públicas.

Consejo # 346: Aproveche las ofertas promocionales gratuitas de las empresas locales.

Cuando las empresas ofrezcan alimentos y bebidas gratis o producciones promocionales gratuitas, aproveche estas ofertas.

Consejo # 347: Riegue su césped con menos frecuencia.

Para ahorrar en sus facturas de servicios públicos, trate de regar su césped con menos frecuencia.

Consejo # 348: Use mezclas de jugo en polvo, en lugar de refrescos.

En lugar de comprar botellas de refresco, beba agua del grifo mezclada con jugo en polvo. Esto será considerablemente menos costoso.

Consejo # 349: cuando viaje, quédese en la casa de un amigo, en lugar de en un hotel.

Si está planeando irse de vacaciones o visitar a amigos o familiares, planee quedarse en la casa de alguien, en lugar de en un hotel. Podría ahorrar cientos en un viaje de una semana.

Consejo # 350: Utilice couchsurfing.com para encontrar lugares donde alojarse mientras viaja.

Si no tiene a nadie con quien quedarse en su próximo viaje, use couchsurfing.com para localizar personas que estén dispuestas a recibir visitantes en sus hogares.

Consejo # 351: Esté atento a los sitios de redes sociales, como Twitter, para ofertas de tiempo limitado.

Muchas empresas, incluidas las tiendas minoristas, las aerolíneas y otras, ofrecen ofertas por tiempo limitado en Twitter. Aprovechando estas breves ofertas, puede ahorrar cientos de dólares.

Consejo # 352: Complete encuestas para obtener cosas gratis.

Hoy en día, muchas empresas ofrecen productos gratuitos y dinero en efectivo a cambio de completar encuestas. Haga esto siempre que sea posible.

Consejo # 353: Si no está satisfecho con un producto o servicio, comuníquese con la empresa.

Si no está satisfecho con un producto o servicio, podría considerar ponerse en contacto con la empresa que lo produjo. En muchos casos, estarán dispuestos a ofrecer un reembolso o productos gratuitos.

Consejo # 354: Pruebe muestras de productos nuevos antes de comprarlos.

Antes de realizar una compra importante, pruebe una muestra gratuita. Por ejemplo, conduzca un automóvil antes de comprarlo. O pruebe un vino o comida costosa antes de comprar grandes cantidades.

Consejo # 355: Imprima fotografías en una tienda local, en lugar de utilizar una costosa impresora fotográfica.

En lugar de comprar una impresora fotográfica costosa, imprima sus fotos en una imprenta local.

Por lo general, esto es más barato que pagar por la tinta de una impresora fotográfica.

Consejo # 356: Use un televisor por tdt, en lugar de cable.

Si tiene poco dinero, elimine el cable y utilice la televisión por tdt. Esto puede ahorrarle cientos en el transcurso de un año.

Consejo # 357: Comuníquese con su proveedor de TV e Internet para obtener los paquetes y ofertas más recientes.

Si cree que está pagando demasiado por su televisor e Internet, comuníquese con su compañía de cable para conocer las ofertas más recientes. Puede encontrar que paquetes similares ahora están disponibles a un precio mucho más bajo.

Consejo # 358: No permita que las baterías de sus productos electrónicos se agoten al 0%.

No permita que las baterías de sus dispositivos electrónicos se agoten por completo de forma regular. Esto reducirá la vida útil total a largo plazo de la batería.

Consejo # 359: Busque artículos usados en Craigslist o eBay.

Si necesita un estante nuevo o una llanta nueva para su automóvil, busque primero en Craigslist y eBay antes de ir a cualquier otro lugar. No solo podrá comparar precios más fácilmente, sino que también ahorrará mucho dinero.

Consejo # 360: Cuando vaya de compras, busque comida del "día anterior" que ya esté en oferta.

Los alimentos de un día, como el pan, a menudo se venden con un fuerte descuento en la tienda de comestibles. Busque esta sección para obtener grandes descuentos.

Consejo # 361: Lleve a sus mascotas a un veterinario sin fines de lucro.

Los veterinarios sin fines de lucro a menudo ofrecen tarifas considerablemente más bajas.

Busque uno antes de acudir a veterinarios con fines de lucro.

Consejo # 362: Come en casa. No pidas fuera.

En lugar de pedir comida, coma en casa. Esto le ahorrará dinero; e incluso puede ahorrarle el tiempo que pasaría esperando una entrega.

Consejo # 363: En el invierno, selle las ventanas con envoltura de plástico para ahorrar dinero en calefacción.

Aislar mejor su hogar puede reducir drásticamente sus costos de energía. Una forma de hacerlo es cubriendo las ventanas con plástico.

Consejo # 364: Solo caliente o acondicione la parte de la casa que está usando.

Si no está usando una habitación, no pague para calentarla o acondicionarla. En su lugar, apague el calentador o el aire acondicionado.

Consejo # 365: Busque en línea formas locales de entretenimiento gratuitas.

Antes de gastar cientos de dólares en entretenimiento, primero vea si puede encontrar entretenimiento local a través de servicios de anuncios en línea. En muchos casos, podrá encontrar eventos gratuitos en su área que le brindarán tanta diversión como podría obtener de una noche costosa.

Conclusión

Ahora ha leído 365 consejos para vivir frugalmente, ahorrar su dinero, ganar más dinero e invertir su dinero sabiamente. Solo usted sabe cuáles de estos consejos pueden transformar su vida y cuáles es mejor ignorar.

Así que mantenga este documento cerca, elija sus consejos de manera selectiva y sabia; y luego siga los consejos de la sugerencia una vez que haya decidido seguirlos. Muchos de los consejos tratados disponen de libros completos sobre el tema. Sigue investigando y adaptalos a tu forma de vida.

Cuando se trata de tomar buenas decisiones financieras personales, un plan es importante. Pero el plan por sí solo no lo llevará a su destino sin una ejecución limpia, trabajo arduo y decisiones difíciles.

365 Tip$ para tu vida financiera

Solemos tardar en tomar decisiones, y una vez tomadas las cambiamos rápidamente si lo creemos necesario. La gente financieramente libre, toma decisiones rápidas y solo si están convencidos del nuevo panorama las cambian.

Y con esto, les dejo para hacer crecer su riqueza, lograr seguridad financiera y ser feliz con su vida y sus decisiones.

www.ingramcontent.com/pod-product-compliance
Lightning Source LLC
Chambersburg PA
CBHW020435220526
45464CB00002B/714